Orações do povo brasileiro

SELECIONADAS POR
CAROLINA CHAGAS

Orações do povo brasileiro

OS SANTOS MAIS
POPULARES DO BRASIL

Copyright do texto © 2014 by Carolina Chagas
Copyright das ilustrações © 2014 by Eber Evangelista

A Editora Paralela é uma divisão da Editora Schwarcz S.A.

Grafia atualizada segundo o Acordo Ortográfico da Língua Portuguesa de 1990, que entrou em vigor no Brasil em 2009.

Capa e projeto gráfico: Rita da Costa Aguiar

Preparação: Tulio Kawata

Revisão: Thaís Totino Richter, Isabel Jorge Cury e Marina Nogueira

Dados Internacionais de Catalogação na Publicação (CIP)
(Câmara Brasileira do Livro, SP, Brasil)

Chagas, Carolina.
    Orações do povo brasileiro: os santos mais populares do Brasil / Carolina Chagas; ilustrações de Eber Evangelista — 1ª ed. — São Paulo: Paralela, 2014.

ISBN 978-85-65530-43-9

1. Cristianismo 2. Livro de oração e devoção 3. Orações
I. Título. II. Série.

14-09153   CDD-242

Índice para catálogo sistemático:
1. Orações : Cristianismo 242

3ª reimpressão

[2016]
Todos os direitos desta edição reservados à
EDITORA SCHWARCZ S.A.
Rua Bandeira Paulista, 702, cj 32
04532-002 — São Paulo — SP
Telefone: (11) 3707-3500
Fax: (11) 3707-3501
www.editoraparalela.com.br
atendimentoaoleitor@editoraparalela.com.br

Sumário

Santo Agostinho, 8
Sant'Ana, 10
Santo Antônio, 12
Santa Bárbara, 14
São Benedito, 16
São Bento, 18
São Carlos Borromeu, 20
Santa Catarina, 22
Santa Cecília, 24
Santa Clara, 26

São Cosme e São Damião, 28
São Cristóvão, 30
São Dimas, 32
Santa Edwiges, 34
Santo Expedito, 36
São Francisco de Assis, 38
São Francisco de Paula, 40
São Francisco Xavier, 42
Frei Galvão, 44
São Gabriel, 46
São Gonçalo, 48
Santa Isabel, 50
São João Batista, 52
São Joaquim, 54
São Jorge, 56

São José, **58**
São Judas Tadeu, **60**
São Longuinho, **62**
São Luís Gonzaga, **64**
Santa Luzia, **66**
Madre Paulina, **68**
Santa Maria Madalena, **70**
Menino Jesus de Praga, **72**
São Miguel Arcanjo, **74**
Nossa Senhora Aparecida, **76**
Nossa Senhora do Bom Parto, **78**

Nossa Senhora do Carmo, **80**
Nossa Senhora Desatadora dos Nós, **82**
Nossa Senhora de Fátima, **84**
Nossa Senhora da Glória, **86**
Nossa Senhora das Graças, **88**
Nossa Senhora de Guadalupe, **90**
Nossa Senhora de Lourdes, **92**
Nossa Senhora dos Navegantes, **94**
Nossa Senhora de Nazaré, **96**
Nossa Senhora de Schoenstatt, **98**

Nossa Senhora do Perpétuo Socorro, **100**
Nosso Senhor do Bonfim, **102**
Reis Magos, **104**
São Pedro, **106**
Santa Rita de Cássia, **108**
São Sebastião, **110**
Santa Teresinha do Menino Jesus, **112**
São Tiago, **114**
São Tomás de Aquino, **116**

Calendário, **119**
Sobre a autora, **127**

Santo Agostinho

28 DE AGOSTO

O QUE PEDIR
Atende a todas as graças, mas é especialmente rápido em pedidos ligados a estudos, trabalho e questões de Justiça.

ORAÇÃO

Tu, Senhor, que cuidas do mundo e escolhes os homens para anunciar a felicidade, concede-nos que, através de santo Agostinho, te encontremos em nós mesmos e caminhemos na perfeição do espírito. Que sejamos capazes de amar a quem te ama, ao amigo em ti e ao inimigo por ti; que nossa felicidade seja conhecer-te, ainda que ignoremos tudo e fiquemos apenas contigo. Tu, Senhor, que iniciaste uma obra de perfeição em cada um de nós e nos deste a vocação e liberdade para cumprir nosso destino, faz presente tua promessa em cada um de nós, para que sejamos felizes portadores de tua santidade e de tua graça. Por Jesus Cristo, Nosso Senhor. Amém.

(Pedir a graça que se deseja e rezar um pai-nosso e três ave-marias.)

SOBRE ELE

Santo Agostinho é considerado um dos teólogos mais cultos. Nascido em Tageste, na África, em 354, foi bispo de Hipona e é autor de textos clássicos como *Confissões* e *A cidade de Deus*, que inspiraram muitos santos e até hoje são citados por filósofos e estudiosos das religiões.

Sant'Ana
26 DE JULHO

O QUE PEDIR
É considerada a protetora das famílias, das professoras, das donas de casa e das costureiras (outra de suas habilidades). Também é invocada por mulheres estéreis. Frei Galvão era devoto dela.

ORAÇÃO

Senhor, Deus de nossos pais, que concedestes a Sant'Ana a graça de dar a vida à mãe do vosso filho Jesus, olhai para todas as famílias que lutam para sobreviver e que se encontram em grandes dificuldades de relacionamento. Que os lares sejam lugares abençoados e plenos de acolhimento e de compreensão. Sant'Ana, nossa padroeira, olhai para as crianças, acompanhai os adolescentes e jovens, amparai os idosos e doentes de nossa sociedade. Que todas as pessoas possam contar sempre com as bênçãos de vossa proteção. Sant'Ana, vos peço, abençoai e protegei especialmente (o nome da pessoa que precisa de uma graça) e concedei a ela(e) a graça que ardentemente vos peço. Amém.

SOBRE ELA

Mãe de Maria, Sant'Ana é também conhecida como A Mestra. Depois de ser considerada estéril, conseguiu engravidar e deu à luz Maria. Em agradecimento, prometeu entregar a filha ao templo, mas, antes disso, ensinou a filha a ler e a escrever. Por isso, suas imagens quase sempre mostram uma mulher com um livro aberto ensinando uma menina.

Santo Antônio
13 DE JUNHO

O QUE PEDIR
Toda sorte de graças. Ele ajuda no amor, nos estudos e em questões familiares, de trabalho e saúde. Também é conhecido por ajudar a encontrar objetos perdidos.

ORAÇÃO

Se milagres desejais, contra os males e o demônio, recorrei a santo Antônio e não falhareis jamais. Pela sua intercessão, fogem a peste, o erro e a morte, quem é fraco fica forte, mesmo o enfermo fica são. Rompem-se as mais vis prisões, recupera-se o perdido, cede o mar embravecido, no maior dos furacões. Penas mil e humanos ais moderam-se, se retiram. Isto digam os que o viram, os paduanos e outros mais.

(Pedir a graça que quer alcançar e rezar um pai-nosso e uma ave-maria assim que tiver o pedido atendido.)

SOBRE ELE

Um dos mais populares santos do Brasil, Antônio foi batizado Fernando por seus pais e nasceu entre os anos 1190 e 1195 em Lisboa, Portugal. Era um franciscano, explicação para sua vestimenta, e conta-se que teve visões do menino Jesus. Bondoso e extremamente inteligente, tinha o dom da palavra e ajudava mulheres pobres a conseguir dotes para casar — daí a fama de casamenteiro.

Santa Bárbara
4 DE DEZEMBRO

O QUE PEDIR

Boa companhia para viagens — especialmente por terra —, santa Bárbara também atende a pedidos de reformas, estudos e causas difíceis.

ORAÇÃO

Ó santa Bárbara, que sois mais forte que as torres das fortalezas e a violência dos furacões, fazei com que os raios não me atinjam, os trovões não me assustem e o troar dos canhões não me abalem a coragem e a bravura. Ficai sempre ao meu lado para que eu possa enfrentar, de fronte erguida e rosto sereno, todas as tempestades e batalhas de minha vida, principalmente a de (fazer o pedido), para que, vencedor de todas as lutas, com a consciência do dever cumprido, possa agradecer a vós, minha protetora, e render graças a Deus, criador do céu, da terra e da natureza e que tem poder de dominar o furor das tempestades e abrandar a crueldade das guerras. Santa Bárbara, rogai por nós.

(Repetir a oração até o pedido se realizar e rezar três pai-nossos, três ave-marias e três glórias ao pai.)

SOBRE ELA

Apesar dos poucos registros, acredita-se que santa Bárbara foi uma jovem nobre que viveu no ano 4 e foi torturada até a morte após converter-se ao cristianismo. Diz-se que seu carrasco morreu fulminado por um raio depois de executá-la. Por isso, ela protege contra raios, tempestades e é figura recorrente em embarcações de todos os tipos. É, quase sempre, representada segurando uma palma ou espada na mão (representando seu martírio).

São Benedito
4 DE ABRIL

O QUE PEDIR
É padroeiro dos cozinheiros, dos pobres e dos trabalhadores. E ajuda a arrumar emprego, a curar doenças raras e a resolver confusões familiares.

ORAÇÃO

Glorioso são Benedito, bem-aventurado sejais pela mansidão, paciência, sofrimento e outras santas virtudes, sempre abençoado com a cruz da redenção. Por vossa humildade e vossa caridade fostes remido na terra para gozar o fruto de vossas obras no céu, junto ao divino coro dos anjos, na glória eterna. Glorioso são Benedito, sede meu protetor amado, concedei-me a graça de que necessito para poder imitar as vossas virtudes e as virtudes de outros santos. (Fazer o pedido) e ainda a graça de tomar-vos como modelo para que possa eu ser um dia digno das promessas de Nosso Senhor Jesus Cristo. Dai-me vigor e constância, pois sou fraco. Sem vossa ajuda não poderei alcançá-los nesta vida de espinhos e tropeços. Ajudai-me, com vossa Divina Luz, e livrai-me das tentações do pecado para que me torne digno da felicidade eterna. Sede meu guia para a bem-aventurança eterna. Amém.

(Rezar um pai-nosso, uma ave-maria e um glória ao pai.)

SOBRE ELE

Descendente de africanos, nasceu por volta de 1520 na Itália. Analfabeto, custou a ser aceito no convento, mas acabou cativando os frades por sua humildade, habilidades na cozinha e seus conhecimentos de ervas medicinais. Também ficou famoso por ser ótimo conselheiro e profundo conhecedor da alma humana. É negro e quase sempre aparece com o menino Jesus no colo.

São Bento
11 DE JULHO

O QUE PEDIR

Famosa no Brasil, a medalha de são Bento é incrustada em prédios e usada por fiéis como defesa para problemas de saúde, tentações, calúnias e ataques de bichos — sobretudo mordida de cachorro e picada de cobra. O santo também é popular entre os que buscam emprego e um rumo na vida.

ORAÇÃO

A cruz sagrada seja minha luz. Não seja o dragão meu guia. Retira-te, Satanás. Nunca me aconselhas coisas vãs. É mal o que tu me ofereces. Bebe tu mesmo do teu veneno. Rogai por nós, bem-aventurado são Bento. Para que sejamos dignos das promessas de Cristo. Amém.

SOBRE ELE

Sempre veste um hábito de mangas largas, carrega o livro da regra beneditina e um *benáculo* abacial, espécie de cajado trabalhado na ponta. Estudioso, criou a ordem dos beneditinos por volta do ano 500 e se instalou no monte Cassino, na Itália. É o criador do lema "ora et labora" (reze e trabalhe). Foi em um mosteiro beneditino que se desenvolveram a técnica de fabricação do champanhe (Dom Pérignon era um deles) e receitas como os ovos beneditinos.

São Carlos Borromeu
4 DE NOVEMBRO

O QUE PEDIR
É patrono da congregação de enfermeiros Borromeu e da sociedade Borromeu, que zela por bibliotecas, seminários e escolas. Ajuda os pobres, os desempregados e os doentes.

ORAÇÃO

Deus, nosso pai, a exemplo de são Carlos Borromeu, abramos a nossa mente e o nosso coração ao vosso espírito de amor. Deixemo-nos converter pela vossa palavra libertadora. Não negligenciemos a nossa vida espiritual. A cada dia vos busquemos com o coração sincero. Experimentemos a vossa ternura e a vossa bondade, mediante uma vida autêntica, dedicada aos irmãos, sem mentiras ou hipocrisias, fundamentada no vosso evangelho. São Carlos Borromeu não se omitiu diante das exigências de seu tempo, procurando viver o amor de forma concreta, amparando e consolando os infelizes. Também nós sejamos solidários com nossos irmãos, especialmente com os mais necessitados.

SOBRE ELE

Foi graças à capacidade de organização de são Carlos Borromeu que, em 1560, quando uma seca assolou a cidade de Milão e cercanias, na Itália, mais de 3 mil pessoas foram alimentadas. Quinze anos mais tarde, organizou ajuda e foi pessoalmente cuidar das vítimas de uma praga que atingiu a mesma região. Tinha cabelos negros e era narigudo, características presentes em suas imagens, em que geralmente aparece com vestes de cardeal.

Santa Catarina
25 DE NOVEMBRO

O QUE PEDIR

Santa Catarina é invocada para proteção contra acidentes. Também ajuda as mães sem leite e os estudantes com problemas escolares ou diante de provas difíceis.

ORAÇÃO

Ó santa Catarina, vós quebrastes a roda da engrenagem das mãos dos torturadores e por isto sois invocada como protetora contra os acidentes; eu vos peço, protegei-me de todo e qualquer acidente. Acidentes de trânsito, acidentes com arma de fogo, acidentes de quedas e tombos, acidentes a pé e a cavalo, acidentes com instrumentos de trabalho, acidentes com venenos e agrotóxicos, acidentes com máquinas e explosivos, acidentes de mordidas de cobras ou aranhas, acidentes em casa, na estrada, na roça, no campo ou no mato. Protegei meu corpo de todo e qualquer perigo que a cada instante estou sujeito a enfrentar. Defendei também a minha alma contra os perigos espirituais, que são tantos, em toda parte. Santa Catarina, protegei-me e salvai-me. Amém!

(Depois da oração, rezar um pai-nosso e uma ave-maria.)

SOBRE ELA

Santa Catarina teria vivido em Alexandria no século IV. Converteu-se ao cristianismo quando adolescente e passou a combater a perseguição religiosa. Chegou a ir até o imperador romano Maximiano para pedir que parasse com as torturas. Na ocasião, teria convertido a mulher do imperador e seus conselheiros. Em represália, foi condenada à morte lenta na roda (instrumento de tortura), mas a roda quebrou-se na hora de sua execução. Por fim, ela morreu decapitada. Dizem que, em vez de sangue, jorrou leite de sua cabeça.

Santa Cecília
22 DE NOVEMBRO

O QUE PEDIR

Padroeira da música, Cecília é das mais populares santas na Europa. Poetas como W. H. Auden e Alexander Pope escreveram sobre ela. Compositores clássicos (como Henry Purcell) e populares (David Byrne e Paul Simon) fizeram versos a ela. A santa protege artistas de um modo geral e ajuda na concretização de sonhos impossíveis — desde que justos.

ORAÇÃO

Ó virgem e mártir, santa Cecília, pela fé viva que vos animou desde a infância, tornando-vos tão agradável a Deus e ao próximo, merecendo a coroa do martírio, convertendo pagãos ao cristianismo, alcançai-nos a graça de progredir cada vez mais na fé e professá-la pelo testemunho das boas obras, especialmente servindo aos irmãos necessitados. Gloriosa santa Cecília, que vossos exemplos de fé e virtude sejam para todos nós um brado de alerta, para que estejamos sempre atentos à vontade de Deus, na prosperidade como nas provações, no caminho do céu e da salvação eterna. Padroeira dos músicos e artistas, santa Cecília, atendei o meu pedido (fazer o pedido) e rogai por nós.

SOBRE ELA

As imagens de santa Cecília mostram, muito frequentemente, uma mulher tocando uma harpa. Padroeira da música, seus restos mortais foram encontrados no século V, em escavações arqueológicas, depois que o papa sonhou com sua localização. Acredita-se que ela foi castigada por converter-se ao cristianismo durante o império de Marco Aurélio. Diz-se também que, ao morrer, ela cantou a Deus. No interior do Brasil, muitos grupos musicais têm o nome de Santa Cecília.

Santa Clara
11 DE AGOSTO

O QUE PEDIR
Ela é a padroeira das telecomunicações e atende a todo tipo de pedido. Depois de grandes períodos de chuva, há fiéis que pedem sol a ela colocando um ovo cru sobre o telhado.

ORAÇÃO

Clara, santa cheia de claridade, irmã de são Francisco de Assis, intercede pelos teus devotos, que querem ser puros e transparentes. Teu nome e teu ser exalam o perfume das coisas inteiras, e o frescor do que é novo e renovado. Clareia os caminhos tortuosos daqueles que se embrenham na noite do próprio egoísmo e nas trevas do isolamento. Clara, irmã de são Francisco, coloca em nossos corações a paixão pela simplicidade, a sede pela pobreza, a ânsia pela contemplação, te suplico, irmã Lua, que junto ao Sol de Assis no mesmo céu refulge. Alcança-nos a graça que confiantes te pedimos. (Pedir a graça.) Santa Clara, ilumina os passos daqueles que buscam a claridade. Amém.

SOBRE ELA

Fundadora da Ordem das Clarissas, que prega o amor ao próximo e a pobreza, santa Clara nasceu em Assis, na Itália, e quase sempre aparece com um ostensório (recipiente onde uma hóstia é guardada) nas mãos. Diz-se que, quando Assis foi invadida pelos sarracenos, ela colocou todos para correr depois de enfrentá-los com um pote de hóstias consagradas. Linda e radiante, era famosa por trazer paz e alegria por onde passava.

São Cosme e São Damião
*26 E 27 DE SETEMBRO**

O QUE PEDIR
Protetores das crianças, são invocados para curá-las e protegê-las. Também são padroeiros dos médicos, dos farmacêuticos, das escolas e protetores das doceiras. No Brasil, são especialmente festejados no Rio de Janeiro e na Bahia.

ORAÇÃO

Amados são Cosme e são Damião, em nome de Deus Todo-Poderoso, eu busco em vós a bênção e o amor. Com a capacidade de renovar e regenerar, com o poder de ajudar e aniquilar qualquer efeito negativo, de causas decorrentes do passado e do presente, implorem pela perfeita reparação do meu corpo e dos meus filhos (nome da criança) e de minha família. Agora e sempre, desejando que a luz dos santos gêmeos esteja em meu coração, vitalizem o meu lar, trazendo-me paz, saúde e tranquilidade. Amados Cosme e Damião, eu prometo que alcançando a graça não os esquecerei jamais. Amém.

(Ao alcançar a graça, fazer um bolo e oferecer a crianças pobres.)

SOBRE ELES

Pouco se sabe da história de são Cosme e são Damião, mas diz-se que eram gêmeos, tinham o dom da cura e viveram por volta do ano 300. Após se converterem ao cristianismo, pararam de cobrar pelos serviços médicos que prestavam. Tamanha bondade converteu muitos novos fiéis. Foram acusados de bruxaria e torturados até a morte. Viraram mártires e ficaram famosos por milagres — especialmente na proteção de crianças que sofriam maus-tratos.

---

* O calendário católico indica dia 26 para Cosme e Damião, mas no Brasil, por tradição, comemora-se também no dia 27.

São Cristóvão
25 DE JULHO

O QUE PEDIR

Cristóvão significa aquele que carrega Cristo; por isso, os motoristas de um modo geral têm uma imagem dele em seus carros de trabalho. Atletas, marinheiros, barqueiros e viajantes também costumam pedir-lhe graças e alcançá-las.

ORAÇÃO

Ó são Cristóvão, que atravessastes a correnteza furiosa de um rio, com toda a firmeza e segurança, porque carregáveis nos ombros o menino Jesus, fazei que Deus se sinta sempre bem em meu coração, porque então eu terei sempre segurança na direção do meu carro e enfrentarei corajosamente todas as correntezas ou adversidades que eu tiver de enfrentar, venham elas dos homens ou dos espíritos do mal. Amém.

SOBRE ELE

Padroeiro dos condutores e motoristas, são Cristóvão teria sido um homem forte e bondoso que se converteu ao cristianismo por volta do ano 250. Cansado de ser perseguido por sua fé, teria mudado para as margens de um rio, onde passou a ajudar todos os necessitados. Dizem que o menino Jesus apareceu para ele e pediu que o ajudasse a atravessar um rio e o abençoou por tudo de bom que fazia.

São Dimas
25 DE MARÇO

O QUE PEDIR

Protetor dos condenados, prisioneiros e dos que buscam justiça, são Dimas é muito procurado para resolver questões dessa natureza. Muitos também têm em casa, na carteira, na bolsa ou no carro uma imagem do santo, buscando proteção contra ladrões.

ORAÇÃO

Ó são Dimas, que esquecendo as dores atrozes da agonia, ao lado da cruz de Cristo, vos lembrastes dos crimes e das maldades de vossa vida, não para desesperar, mas para pedir a Jesus com toda a confiança: "Lembra-te de mim quando entrares em teu reino". Dai ânimo e coragem a todos os que são perseguidos, presos ou torturados, para que não esmoreçam, mas se lembrem de que Cristo morreu não pelos justos, mas pelos pecadores, e que Jesus veio à terra, não para condenar, mas para libertar os homens, e por isso ele vos respondeu na cruz: "Hoje estarás comigo no paraíso". São Dimas, dai-me forças nesta difícil provação, protegei-me nesta situação angustiosa, fazei brilhar um raio de esperança nas trevas da minha aflição. (Pedir a graça.) Peço-vos esta graça, pelo sangue de Jesus, vosso companheiro de dor que se dignou a acompanhar-vos até o paraíso, onde agora viveis com ele e com o Pai e o Espírito Santo. Amém.

SOBRE ELE

Acredita-se que Dimas, o bom ladrão, estava na cruz ao lado da de Cristo, e foi o primeiro santo canonizado, depois que Jesus disse a ele que os dois estariam juntos no paraíso. Dizem que Dimas deu abrigo a José, Maria e ao pequeno Jesus durante a viagem da família ao Egito. Dizem também que foi objeto de estudo de santo Agostinho.

Santa Edwiges
16 DE OUTUBRO

O QUE PEDIR

Famosa por resolver problemas financeiros de difícil solução, santa Edwiges também ajuda os pobres, os desempregados (que levam carteira de trabalho à igreja para ela abençoar) e pessoas com problemas na Justiça.

ORAÇÃO

Santa Edwiges, vós que na terra fostes o amparo dos pobres, a ajuda dos desvalidos e o socorro dos endividados, e no céu agora desfrutais do eterno prêmio da caridade que em vida praticastes, suplicante vos peço que sejais minha advogada para que eu obtenha de Deus o auxílio que urgentemente preciso (fazer o pedido). Alcançai-me também a suprema graça da salvação eterna. Santa Edwiges, rogai por nós.

SOBRE ELA

Estudiosos de economia costumam usar santa Edwiges como um termômetro. Quando há forte recessão, os pedidos de impressão de seus santinhos aumentam. Edwiges nasceu na Baviera por volta de 1120. Diz-se que só gastava o necessário com a família e, com o resto, ajudava os pobres e tirava da cadeia os presos por endividamento.

Santo Expedito
19 DE ABRIL

O QUE PEDIR

Quem precisa de solução de problemas com urgência costuma recorrer a santo Expedito. Em troca, o santo pede que seu nome seja divulgado.

ORAÇÃO

Meu santo Expedito, das causas justas e urgentes, intercedei por mim junto ao Nosso Senhor Jesus Cristo. Socorrei-me nesta hora de aflição e desespero, meu santo Expedito, vós que sois um santo guerreiro, vós que sois o santo dos aflitos, vós que sois o santo dos desesperados, vós que sois o santo das causas urgentes, protegei-me; ajudai-me; dai-me forças, coragem e serenidade. Atendei ao meu pedido: (fazer o pedido). Meu santo Expedito! Ajudai-me a superar estas horas difíceis, protegei-me de todos que possam me prejudicar. Protegei minha família, atendei ao meu pedido com urgência, devolvendo-me a paz e a tranquilidade. Ó meu santo Expedito, eu vos serei grato pelo resto de minha vida e levarei vosso nome a todos os que têm fé.

SOBRE ELE

Seus devotos garantem: se precisa de ajuda rápida, recorra a santo Expedito. Não se sabe em que época viveu e acredita-se que tenha sido um militar romano que se converteu ao cristianismo. Diz-se que, no momento de sua conversão, um corvo teria grasnado "crás, crás", em latim "amanhã, amanhã", e que ele teria pego o mensageiro do mal em pleno voo e respondido: "Hoje, hoje!".

São Francisco de Assis
4 DE OUTUBRO

O QUE PEDIR

Por seu amor à natureza, ele é considerado o padroeiro da ecologia, da natureza e dos animais. Mas são Francisco atende a todo tipo de pedido, desde que justo.

ORAÇÃO

Senhor, fazei-me instrumento de vossa paz. Onde houver ódio, que eu leve o amor; onde houver ofensa, que eu leve o perdão; onde houver discórdia, que eu leve a união; onde houver dúvida, que eu leve a fé; onde houver erro, que eu leve a verdade; onde houver desespero, que eu leve a esperança; onde houver tristeza, que eu leve a alegria; onde houver trevas, que eu leve a luz. Ó Mestre, fazei que eu procure mais consolar que ser consolado; compreender que ser compreendido; amar que ser amado. Pois é dando que se recebe, é perdoando que se é perdoado, e é morrendo que se vive para a vida eterna.

SOBRE ELE

Fé e bondade eram os lemas de são Francisco, o criador da Ordem dos Franciscanos e um dos santos mais populares do mundo. Apesar de ser considerado um dos que melhor entenderam (e seguiram) a mensagem de Cristo, nunca se ordenou: considerava-se indigno do sacerdócio. Tinha forte ligação com a natureza, especialmente com os pássaros. No final de sua vida, acabou com as peregrinações e passou a cuidar de crianças em Assis. Foi ele quem começou a encenar o nascimento de Jesus usando animais vivos e é considerado o inventor do presépio.

São Francisco de Paula
2 DE ABRIL

O QUE PEDIR
Considerado um santo que ajuda ao próximo, atende a todo tipo de graça.

ORAÇÃO

Ó glorioso são Francisco de Paula, que tanto vos aprofundastes na humildade, único alicerce de todas as virtudes, alcançando através dela um grande prestígio com Deus, a ponto de jamais lhe terdes pedido graça alguma que prontamente não vos fosse concedida.

Aqui venho aos vossos pés para suplicar-vos que extingais do meu coração todo afeto de soberba e vaidade e em seu lugar floresçam os preciosos frutos da humildade, para que possa ser verdadeiro devoto e imitador vosso e merecer o grande patrocínio que de vossa eficaz intercessão espero e rogo me alcanceis de Deus a graça de que tanto necessito, não sendo contra a vontade do Altíssimo. Amém.

SOBRE ELE

Nascido em Paula, na Itália, em 1416, foi batizado com o mesmo nome do santo de devoção de seus pais, são Francisco de Assis. Conta-se que teve uma doença muito rara e pediu ajuda a seu protetor. Em agradecimento à cura, foi viver em um convento franciscano. Foi ali que começou seu trabalho de caridade. Depois de alguns anos, deixou o convento e passou a viver isolado, dedicando-se à oração. Era procurado com frequência por pessoas em dificuldades e ajudava a todos com conselhos sábios e iluminados.

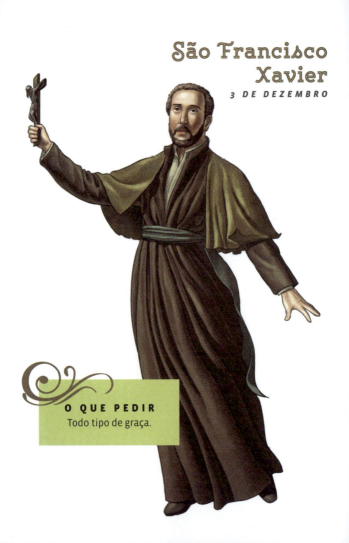

ORAÇÃO

Deus, nosso Pai, são Francisco Xavier acolheu o vosso chamado a evangelizar. Ele anunciou o vosso reino de amor e de paz aos povos distantes, tornando-se, na fé, luz para os corações e exemplo daquele que serve. Tornou conhecidos aos povos do Oriente os mistérios de Cristo. Encarnou na própria pessoa o mestre manso e humilde de coração, vivo e ressuscitado. Mostrou a todos que o jugo do Senhor é suave e o peso, leve. Deu testemunho de vosso filho, Jesus, com uma vida cheia de paciência, de bondade, de amor, de fortaleza e do santo temor de Deus. O Espírito do Senhor ungiu e confirmou as suas palavras e as suas obras. Por sua intercessão, Senhor, nós vos pedimos: sejamos os missionários, os anunciadores da paz, da concórdia, do perdão, da reconciliação, da justiça, da alegria em nossos próprios lares e comunidades. Amém.

SOBRE ELE

Nascido em Xavier, na Espanha, em 1506, Francisco é chamado de "São Paulo do Oriente", pelas viagens missionárias que fez e pelo número de pessoas que converteu ao catolicismo.

Em Paris, aonde foi para estudar letras, conheceu Inácio de Loyola e foi um dos fundadores da Companhia de Jesus. Pela ordem, foi para a Índia, Malásia e Japão. Durante os preparativos para uma viagem à China, ele adoeceu e morreu, aos 46 anos.

São Francisco Xavier foi canonizado em 1622; entretanto, existe uma igreja do final de 1500 com seu nome no Rio de Janeiro. Teria sido construída por jesuítas, que já o tomavam como um exemplo de evangelizador. É conhecido como padroeiro das missões.

Frei Galvão

23 DE DEZEMBRO

O QUE PEDIR
Todo tipo de graça. Mulheres que não conseguem engravidar, crianças com problemas graves de saúde e dificuldades na escola são atendidas.

ORAÇÃO

Santíssima Trindade, Pai, Filho e Espírito Santo, eu vos adoro, louvo e vos dou graças pelos benefícios que me fizestes. Peço-vos por tudo que fez e sofreu vosso venerável frei Antônio de Sant'Ana Galvão, que aumenteis em mim a fé, a esperança e a caridade, e vos digneis conceder-me a graça que ardentemente almejo. (Fazer o pedido.) Amém.

(Rezar em seguida um pai-nosso, uma ave-maria e um glória ao pai. É possível adquirir um kit com pílulas em pontos autorizados no país. Deve-se fazer uma novena, rezando a oração e ingerindo as pílulas no primeiro, quinto e nono dias.)

SOBRE ELE

Primeiro santo nascido no Brasil, em Guaratinguetá, interior de São Paulo, Antônio de Sant'Ana Galvão era mariano convicto. Diz-se que, um dia, não podendo atender um fiel, escreveu em um pedaço de papel a frase "Post partum Virgo inviolata permansisti, Dei Genitrix Intercede pro nobis" ("Depois do parto, ó Virgem, permanecestes intacta; mãe de Deus, intercedei por nós"), dobrou o papel e o enviou para que o fiel o engolisse. Essa é a origem das "pílulas" de frei Galvão, que se tornaram populares por seus poderes de cura. São distribuídas até hoje no mosteiro da Luz, que ele desenhou e ajudou a construir.

São Gabriel

29 DE SETEMBRO

O QUE PEDIR

Padroeiro dos diplomatas, carteiros e telefonistas, ele é comumente chamado a resolver questões complicadas, que necessitem de diálogo. Mas atende também a todo tipo de pedido.

ORAÇÃO

Ó poderoso arcanjo são Gabriel, a vossa aparição à Virgem Maria de Nazaré trouxe ao mundo, que estava mergulhado em trevas, luz. São Gabriel, intercedei por nós junto à Virgem Santíssima, Mãe de Jesus, Salvador. Afastai do mundo as trevas da descrença e da idolatria. Fazei brilhar a luz da fé em todos os corações. Ajudai a juventude a imitar Nossa Senhora nas virtudes da pureza e da humildade. Dai força a todos os homens contra os vícios e o pecado. São Gabriel! Que a luz da vossa mensagem anunciadora da redenção do gênero humano ilumine o meu caminho e oriente toda a humanidade rumo ao céu. São Gabriel, rogai por nós. Amém.

SOBRE ELE

Gabriel, Rafael e Miguel são os três arcanjos (o posto mais alto na hierarquia dos anjos) que eram enviados por Deus à terra para realizar pequenas missões. As de Gabriel sempre estavam ligadas a anúncios, por isso ele é considerado "o verbo de Deus".

São Gonçalo

16 DE NOVEMBRO

O QUE PEDIR

Além de marido, são Gonçalo também atende a pedidos difíceis e auxilia na realização de metas ligadas a viagens e a sonhos distantes. É padroeiro dos violeiros e, às vezes, aparece com um violão nas mãos.

ORAÇÃO

Glorioso são Gonçalo, que viestes voltado para o amor a Deus na pessoa do próximo e agora gozais no céu o prêmio de ter observado na terra o mandamento máximo "amai-vos uns aos outros como Eu vos amei", dignai-vos interceder por nós que ainda vivemos num mundo impregnado de grosseiro materialismo, a fim de que saibamos aproveitar o exemplo que nos deixastes e assim alcançaremos as graças que melhor nos inclinem à prática da virtude e à bem-aventurança eterna. Glorioso são Gonçalo, inspirai-nos as melhores disposições para que possamos corresponder ao amor que Deus nos tem e adaptarmos sempre a nossa vida às exigências desse amor. (Fazer o pedido.) Amém.

(Rezar três ave-marias, um pai-nosso e um glória ao pai.)

SOBRE ELE

Contam que são Gonçalo, um português da cidade de Guimarães, conseguiu converter várias prostitutas ao cristianismo. Para tanto, vestia-se de mulher e passava a noite dançando com elas. No dia seguinte, elas mudavam de vida e ele as ajudava a arrumar um bom marido. Por isso, é conhecido como o santo que consegue marido para mulheres maduras. Suas festas são sempre alegres e cheias de música.

Santa Isabel
5 DE NOVEMBRO

O QUE PEDIR

Isabel é considerada aquela que soube esperar, por isso é muito procurada pelos que têm esperança de conseguir graças impossíveis.

ORAÇÃO

Ó querida santa Isabel, sob a vossa proteção queremos nos colocar. Vossa espiritualidade nos inspira ainda hoje no seguimento de Jesus. Ensinai-nos a acolher com carinho os pobres, os doentes, os abandonados, manifestando a eles o imenso amor do Pai. Estimulai-nos para que tenhamos coragem de estar ao lado deles, defendendo as suas lutas e assumindo as suas dores. Assim como vós, queremos construir a paz, partilhar o pão da justiça e distribuir rosas de alegria aos nossos irmãos. Intercedei por nós para que também possamos, um dia, gozar das alegrias celestes na presença de Deus. Amém.

SOBRE ELA

Isabel é a prima que Maria foi visitar depois de engravidar. Foi ela quem disse a Maria "bendito é o fruto de teu ventre". Ela é a mãe de são João Batista e custou muito a ter um filho. Foi o anjo Gabriel que avisou seu marido, Zacarias, que ela engravidaria.

São João Batista

24 DE JUNHO

O QUE PEDIR

É considerado o padroeiro da amizade e do amor ao próximo e atende a todo tipo de graça. Também é considerado um santo protetor e gosta de ser festejado.

ORAÇÃO

São João Batista, voz que clama no deserto: "Endireitai os caminhos do Senhor... fazei penitência, porque no meio de vós está quem vós não conheceis e do qual eu não sou digno de desatar os cordões das sandálias", ajudai-me a fazer penitência das minhas faltas para que eu me torne digno do perdão daquele que vós anunciastes com os dizeres: "Eis o Cordeiro de Deus, eis aquele que tira o pecado do mundo". São João, pregador da penitência, rogai por nós. São João, precursor do Messias, rogai por nós. São João, alegria do povo, rogai por nós.

SOBRE ELE

Um dos santos mais festejados do Brasil, são João Batista também foi recebido com celebração. Sua mãe, Isabel, engravidou depois de muitos anos de tentativa e seu pai teria sido aconselhado a chamar o filho de João, pois ele anunciaria a chegada do Messias. Foi dos primeiros a pregar um Deus único e batizou Jesus. Por ordem do rei Herodes, morreu degolado.

São Joaquim

26 DE JULHO

O QUE PEDIR

Padroeiro da família e da união, são Joaquim é convocado a atender questões familiares de toda natureza.

ORAÇÃO

Ó são Joaquim, protegei as nossas famílias desde o início promissor até a idade madura repleta dos sofrimentos da vida, e amparai-as na fidelidade às promessas solenes. Acompanhai os idosos que se aproximam do encontro com Deus. Suavizai a passagem suplicando para aquela hora a presença materna da vossa Filha.

SOBRE ELE

Pai de Maria, são Joaquim sofreu muito porque ele e Ana não conseguiam ter filhos. Estima-se que, quando Ana engravidou, Joaquim tinha quarenta anos. Sempre muito devoto de Deus, passou quarenta dias jejuando e meditando no deserto pedindo um filho. E foi avisado por um anjo que teria Maria. É considerado um homem justo e iluminado.

São Jorge
23 DE ABRIL

O QUE PEDIR

Todo tipo de graça. São Jorge é considerado o santo da perseverança.

ORAÇÃO

Ó são Jorge, meu santo guerreiro, invencível na fé em Deus, que trazeis em vosso rosto a esperança e a confiança, abri meus caminhos. Eu andarei vestido e armado com vossas armas para que meus inimigos, tendo pés, não me alcancem, tendo mãos, não me peguem, tendo olhos, não me enxerguem e nem pensamentos possam ter para me fazerem mal. Armas de fogo o meu corpo não alcançarão, facas e lanças se quebrarão sem ao meu corpo chegar, cordas e correntes se arrebentarão sem o meu corpo amarrar. Glorioso são Jorge, em nome de Deus, estendei vosso escudo e vossas poderosas armas, defendendo-me com vossa força e grandeza. Ajudai-me a superar todo desânimo e a alcançar a graça que vos peço (fazer o pedido). Dai-me coragem e esperança, fortalecei minha fé e auxiliai-me nesta necessidade.

SOBRE ELE

Muito festejado no mundo inteiro — em Barcelona, Espanha, no dia de San Jordy comemora-se o amor, e as mulheres ganham flores vermelhas e os homens, livros —, o culto a são Jorge foi decretado facultativo na década de 1960, daí a história de que ele não seria mais santo. Ledo engano. Seu rito litúrgico é e sempre foi oficial na Igreja católica. Dizem que foi um soldado romano que se converteu ao catolicismo e foi condenado à morte. Ao que consta, resistiu a várias torturas até ser degolado. É o padroeiro do Corinthians, time paulista com a maior torcida.

São José

19 DE MARÇO

O QUE PEDIR

Pai adotivo de Jesus, são José é santo popular entre os fiéis brasileiros. No Nordeste, é convocado o ano todo a trazer água para as lavouras, e no resto do país protege as famílias e atende a todo tipo de graça.

ORAÇÃO

Lembrai-vos, são José, puríssimo esposo da Virgem Maria, que jamais se ouviu dizer que alguém tivesse invocado a vossa proteção e implorado o vosso socorro e não fosse por vós consolado. Com esta confiança venho à vossa presença e a vós, fervorosamente, me recomendo. Ó, não desprezeis as minhas súplicas, pai adotivo do Redentor, atendei a graça que vos peço agora: (fazer o pedido); dignai-vos de a acolher piedosamente, por Nosso Senhor Jesus Cristo, na unidade do Espírito Santo. Amém.

SOBRE ELE

José descende de Davi e é um dos principais elos entre o Velho e o Novo Testamento. Aceitou o seu destino e foi companheiro fiel de Maria em todos os momentos difíceis. É considerado um dos personagens mais justos da Bíblia e também o protetor da família.

São Judas Tadeu
28 DE OUTUBRO

O QUE PEDIR
É considerado o santo das causas impossíveis. Dizem que foi santa Brígida que teve uma visão em que Jesus dizia que ela deveria recorrer a são Judas quando tivesse problemas dessa natureza.

ORAÇÃO

São Judas Tadeu, glorioso, fiel servo e amigo de Jesus, o nome do traidor foi causa de que fosseis esquecido por muitos, mas a Igreja vos honra e invoca universalmente como patrono nos casos desesperados, nos negócios sem remédio. Rogai por mim, que sou tão miserável! Fazei uso, eu vos imploro, desse particular privilégio que vos foi concedido de trazer viável e imediato auxílio onde o socorro desapareceu quase por completo. Assisti-me nesta grande necessidade, para que eu possa receber as consolações e o auxílio do céu em todas as minhas precisões, atribulações e sofrimentos, alcançando-me a graça de (fazer o pedido). Eu vos prometo, ó bendito Judas, lembrar-me sempre deste grande favor, e nunca deixar de vos honrar, como meu especial e poderoso patrono e fazer tudo o que estiver ao meu alcance para incentivar a devoção para convosco. Amém.

SOBRE ELE

São Judas Tadeu cresceu ao lado de Jesus — era filho do irmão de José, casado com uma prima de Maria — e sempre foi muito próximo do Messias. Depois da traição de Judas Iscariotes, muitas vezes foi confundido com o traidor, por terem o mesmo nome. Dizem que até passou a repetir o bordão "resistir é preciso". Foi um dos principais evangelizadores e morreu sob tortura. Seus restos mortais estão no Vaticano.

São Longuinho
15 DE MARÇO

O QUE PEDIR

Ajuda para encontrar objetos perdidos. Tem até uma lamparina nas mãos para ajudá-lo.

ORAÇÃO

Caro São Longuinho, patrono dos pobres e o ajudante daqueles que procuram artigos perdidos, me ajude a encontrar o objeto que eu perdi (dizer o objeto perdido) e que eu encontre melhor uso para o meu tempo e o use para ganhar para Deus a maior honra e glória. Conceda-me esta graça e o seu precioso auxílio para todos que procuram o que perderam, principalmente aqueles que procuram encontrar e ganhar novamente as graças de Deus e a vida eterna. Amém.

SOBRE ELE

Foi no sul do Brasil que começou o hábito de se prometer três pulinhos a são Longuinho se ele ajudasse o fiel a encontrar algo perdido. Dizem que foi um centurião romano que participou da crucificação de Jesus. Era cego de uma vista e foi curado quando uma gota do sangue de Cristo caiu em seus olhos. Desde então, virou cristão praticante e defensor de Jesus.

São Luís Gonzaga
21 DE JUNHO

O QUE PEDIR
É considerado o padroeiro dos jovens e atende a todos os pedidos ligados às angústias dessa etapa da vida — tanto dos pais quanto dos filhos e amigos.

ORAÇÃO

Luís santo, adornado de angélicos costumes, nós, vossos indigníssimos devotos, vos recomendamos especialmente a castidade de nosso corpo e de nossa alma. Rogamo-vos, por vossa angélica pureza, que nos encomendeis ao imaculado Cordeiro Jesus Cristo e à sua Mãe santíssima, a Virgem das virgens, e nos preserveis de todo pecado. Não permitais que sejamos manchados com nódoa alguma de impureza, mas, quando nos virdes em tentação ou perigo de pecar, afastai de nossos corações todos os pensamentos e afetos impuros, e, despertando em nós a memória da eternidade e de Jesus crucificado, imprimi profundamente em nossos corações o sentimento do santo temor de Deus, e aumentai em nós o amor divino, para que vos imitemos na terra e mereçamos gozar de Deus convosco no céu. Amém.

SOBRE ELE

São Luís Gonzaga era filho de um nobre italiano e foi criado para servir no Exército, mas desde cedo dedicou-se à caridade, além de praticar o celibato. Seu pai custou a consentir que ele seguisse a carreira religiosa. Sua carreira durou pouco. São Luís Gonzaga morreu aos 23 anos, depois de contrair uma doença de um grupo de jovens que ajudou a curar.

Santa Luzia
13 DE DEZEMBRO

O QUE PEDIR
Protetora dos olhos, ela é buscada por quem tem problemas de vista ou precisa de graças impossíveis.

ORAÇÃO

Ó santa Luzia, que preferistes que vossos olhos fossem vazados e arrancados antes de negar a fé em nosso grande Deus; com um milagre extraordinário, foram-lhe devolvidos outros dois olhos sãos e perfeitos, para recompensar a vossa virtude e vossa fé, e vós fostes constituída protetora contra as doenças diversas dos olhos; eu recorro a vós para que protejais minha vista e cureis a doença dos meus olhos. Ó santa Luzia, conservai a luz dos olhos de minha alma, a fé, pela qual posso conhecer o meu Deus, compreender os seus ensinamentos, reconhecer o seu amor para comigo e nunca errar o caminho que me conduzirá aonde vós, santa Luzia, vos encontrais, em companhia dos anjos e santos. Santa Luzia, protegei os meus olhos e conservai a minha fé. Amém.

SOBRE ELA

Luzia teria vivido em Constantinopla por volta do ano 300 e foi devota a Deus. Sua mãe insistia para que ela se casasse, o que ela se recusava a fazer. Um de seus pretendentes a denunciou por não cumprir o prometido, e ela teria arrancado os próprios olhos diante do juiz que a casaria à força e não negou sua crença em um Deus único. Contam que, na mesma hora, seus olhos e visão foram restituídos, mas, em seguida, ela foi decapitada.

Madre Paulina
9 DE JULHO

O QUE PEDIR
Todo tipo de graça.

ORAÇÃO

Ó madre Paulina, tu que puseste toda a tua confiança no Pai e em Jesus Cristo e que inspirada por Maria decidiste ajudar o teu povo sofrido, nós te confiamos a Igreja que tanto amas, nossas vidas, nossas famílias, os religiosos e todo o povo de Deus. (Fazer o pedido.) Madre Paulina, intercede por nós junto ao Pai, a fim de que tenhamos a coragem de lutar sempre na conquista de um mundo mais humano, justo e fraterno. Amém.

SOBRE ELA

Canonizada pelo papa João Paulo II em 2002, madre Paulina é considerada a primeira santa brasileira. Nasceu em Trento, na Itália, em 1865, e mudou-se com sua família para Nova Trento, em Santa Catarina, aos dez anos. É a fundadora da Congregação das Irmãzinhas da Imaculada Conceição, a primeira do país para mulheres. Sempre trabalhou no auxílio a doentes e pela educação de jovens.

Santa Maria Madalena

22 DE JUNHO

O QUE PEDIR
É a padroeira das cabeleireiras, manicures, perfumistas, prostitutas arrependidas e de várias ordens religiosas, sobretudo em Portugal e na França. Além disso, atende a todo tipo de pedido, em especial os ligados ao amor.

ORAÇÃO

Santa Maria Madalena, vós que ouvistes de Jesus estas palavras: "Muito lhe foi perdoado porque muito amou. Vai em paz, os teus pecados estão perdoados", alcançai-me de Deus o perdão dos meus erros e pecados, deixai-me participar do ardente amor que inflamou o vosso coração, para que eu seja capaz de seguir a Cristo até o calvário se for preciso, e assim, mais cedo ou mais tarde, tenha a felicidade de beijar e abraçar os pés do Divino Mestre. Como Jesus ressuscitado vos chamou pelo nome "Maria!", ele chame também pelo meu nome (dizer o nome da pessoa) e eu nunca mais me desvie do seu amor, com recaídas nos erros do meu passado. Santa Maria Madalena, eu vos peço esta graça, por Cristo Nosso Senhor. Amém.

SOBRE ELA

Maria Madalena era prostituta na Galileia antes de Jesus perdoá-la e exorcizar os sete demônios de seu corpo. A partir de então, tornou-se a mais devota seguidora de Cristo e grande evangelizadora. Foi a primeira testemunha da ressurreição de Jesus. Consta que suas relíquias estão na Turquia, mas a Igreja não confirma essa versão.

O QUE PEDIR
Todo tipo de graça.

Menino Jesus de Praga

25 DE JULHO

ORAÇÃO

Ó Menino Jesus, a vós recorro e vos suplico pela intercessão de Vossa Santíssima Mãe, assisti-me nesta necessidade (pedir a graça), porque creio firmemente que Vossa Divindade pode me socorrer. Espero com toda a confiança obter vossa santa graça. Amo-vos de todo o meu coração e com todas as forças de minha alma. Arrependo-me sinceramente de todos os meus pecados, e vos imploro, ó bom Jesus, que me fortaleçais para que eu possa ser vitorioso. Proponho-me a não vos ofender e me ofereço a vós, dispondo-me a sofrer antes de fazer-vos sofrer. Doravante, quero servir-vos com toda a fidelidade, e por vosso amor, ó Menino Deus, amarei a meu próximo como a mim mesmo. Concedei-me a graça de vos possuir eternamente, na companhia de Maria Santíssima e são José, para que possa vos adorar com todos os anjos na Corte Celestial. Amém.

SOBRE ELE

Foi por volta de 1600 que um convento dos Carmelitas Descalços, em Praga, recebeu uma imagem do Menino Jesus com a promessa de fartura e paz. A promessa foi cumprida e, desde então, essa imagem é considerada milagrosa e repetida em santinhos mundo afora.

São Miguel Arcanjo

29 DE SETEMBRO

O QUE PEDIR

Acredita-se que quem tem uma imagem de são Miguel em casa estará sempre protegido. Atende a todo tipo de graça, sobretudo as ligadas a proteção e a problemas com a Justiça.

ORAÇÃO

São Miguel à frente para me defender; são Miguel atrás para me proteger; são Miguel à direita e à esquerda para me acompanhar; são Miguel acima para me iluminar; são Miguel abaixo para me sustentar; são Miguel, são Miguel, são Miguel. Eu sou o seu amor que me protege aqui. Eu sou. São Miguel, rogai por nós. Amém.

SOBRE ELE

São Miguel é um dos três arcanjos que acompanham Deus. A ele cabe defender o bem, acompanhar as almas na hora da morte — e oferecer-lhes a redenção. Diz-se que ele lutará com o Diabo no fim dos tempos. É o arcanjo do primeiro raio divino e garante que a vontade de Deus seja cumprida. Por isso é tido como o defensor da fé. Tem sempre uma espada nas mãos e imensas asas.

Nossa Senhora Aparecida

12 DE OUTUBRO

O QUE PEDIR

Milhares de pessoas agradecem todos os anos a todo tipo de graça recebida.

ORAÇÃO

Querida Mãe Nossa Senhora Aparecida, vós que nos amais e nos guiais todos os dias, vós sois a mais bela das Mães, a quem eu amo de todo o meu coração. Eu vos peço mais uma vez que me ajudeis a alcançar uma graça (fazer o pedido). Sei que me ajudareis e sei que me acompanhareis sempre, até a hora da minha morte. Amém.

(Rezar esta oração por três dias seguidos.)

SOBRE ELA

Por ter surgido das águas do rio Paraíba do Sul, em Guaratinguetá, interior de São Paulo, a padroeira do Brasil é chamada de Nossa Senhora Aparecida. Ela foi descoberta por três pescadores em 1717. Primeiro eles pescaram seu corpo, depois sua cabeça, e a partir de então tiveram pesca farta. É negra e venerada em todo o país.

Nossa Senhora do Bom Parto

15 DE SETEMBRO

O QUE PEDIR

À santa atribuem-se partos bem-sucedidos. Mulheres com dificuldade de engravidar também recorrem a ela.

ORAÇÃO

Ó Maria Santíssima, vós, por um privilégio especial de Deus, fostes isenta da mancha do pecado original e, devido a esse privilégio, não sofrestes os incômodos da maternidade, nem ao tempo da gravidez nem no parto; mas compreendeis perfeitamente as angústias e aflições das pobres mães que esperam um filho, especialmente nas incertezas do sucesso ou insucesso do parto. Olhai para mim, vossa serva, que na aproximação do parto sofro angústias e incertezas. Dai-me a graça de um parto feliz. Fazei que meu bebê nasça com saúde, forte e perfeito. Eu vos prometo orientar meu filho sempre pelo caminho certo, o caminho que vosso Filho, Jesus, traçou para todos os homens, o caminho do bem. Virgem, Mãe do Menino Jesus, agora me sinto mais calma e mais tranquila, porque já sinto vossa maternal proteção. Nossa Senhora do Bom Parto, rogai por mim!

SOBRE ELA

O culto à santa no Brasil começou no Rio de Janeiro, por volta de 1650, quando ao lado da igreja erguida à Virgem do Ó criou-se o Recanto do Bom Parto, que acolhia grávidas rejeitadas pelas famílias.

Nossa Senhora do Carmo

16 DE JULHO

O QUE PEDIR
Todo tipo de graça e proteção.

ORAÇÃO

Ó Senhora do Carmo, olhai por mim e por todos os que estão revestidos de vosso escapulário. Acompanhai-nos e protegei-nos ao longo da vida, para que possamos crescer na fé, esperança e caridade, seguindo Jesus Cristo. Amém.

(Recomenda-se fazer esta oração com um escapulário nas mãos e usá-lo em seguida.)

SOBRE ELA

Nossa Senhora do Carmo é evocação de Maria que aparece no escapulário em oposição ao Sagrado Coração de Jesus. Foi um carmelita inglês, Simão Stock, que teve a visão da Virgem trazendo o colar protetor nas mãos e prometendo salvação e proteção a todos os que o usassem. A cidade de Mariana, em Minas Gerais, surgiu ao redor de uma igreja dedicada a ela.

Nossa Senhora Desatadora dos Nós
15 DE AGOSTO

O QUE PEDIR
Nossa Senhora Desatadora dos Nós é invocada para resolver problemas do cotidiano dos fiéis. Pequenos nós. Também é considerada protetora dos casamentos.

ORAÇÃO

Virgem Maria, mãe de belo amor, Mãe que jamais deixa de vir em socorro de um filho aflito. Mãe cujas mãos não param nunca de servir seus amados filhos, pois são movidas pelo amor divino e pela imensa misericórdia que existem em teu coração, volta teu olhar compassivo sobre mim e vê o emaranhado de nós que há em minha vida. Tu bem conheces o meu desespero, a minha dor e o quanto estou amarrado por causa desses nós. Maria, mãe que Deus encarregou de desatar os nós da vida dos teus filhos, confio hoje a fita da minha vida em tuas mãos. Ninguém, nem mesmo o maligno, poderá tirá-la do teu precioso amparo. Em tuas mãos não há nó que não poderá ser desfeito. Mãe de meu libertador, Jesus, recebe hoje em tuas mãos este nó (fazer o pedido). Peço-te desatá-lo para a Glória de Deus, fortaleza das minhas débeis forças, a riqueza das minhas misérias, a liberdade, com Cristo, das minhas cadeias. Ouve minha súplica. Guarda-me, guia-me, protege-me, ó seguro refúgio. Maria Desatadora dos Nós, roga por mim. Maria, nossa mãe, desata os nós que impedem que nos unamos a Deus.

(Oração distribuída na igreja de Búzios-RJ, a primeira erguida em sua homenagem no Brasil.)

SOBRE ELA

Venerada na Alemanha desde o final do século XVII, é uma das mais populares evocações de Nossa Senhora no Brasil. Sua imagem foi inspirada nos escritos de santo Irineu, quando disse que Maria desatou os nós dos humanos ao aceitar conceber o filho de Deus.

Nossa Senhora de Fátima
13 DE MAIO

O QUE PEDIR
Todo tipo de graça.

ORAÇÃO

Santíssima Virgem, que nos montes de Fátima vos dignastes revelar aos três pastorinhos os tesouros de graças que podemos alcançar rezando o santo rosário, ajudai-nos a apreciar sempre mais esta santa oração, a fim de que, meditando os mistérios da nossa redenção, alcancemos as graças que insistentemente vos pedimos, (pedir a graça). Ó meu bom Jesus, perdoai-nos, livrai-nos do fogo do inferno, levai as almas todas para o céu e socorrei principalmente as que mais precisarem. Nossa Senhora do Rosário de Fátima, rogai por nós.

SOBRE ELA

Foi na aldeia de Aljustrel, em Fátima, Portugal, no auge da Primeira Guerra Mundial, que três pastores avistaram "uma mulherzinha muito linda e brilhante aos pés de uma azinheira". Começava ali a história de Nossa Senhora de Fátima, a evocação mariana que rapidamente se alastrou por todo o mundo e que atrai o maior número de fiéis, todos os anos, ao seu santuário, erguido exatamente onde ela foi vista.

Nossa Senhora da Glória

26 DE SETEMBRO

O QUE PEDIR
Proteção e iluminação.

ORAÇÃO

À vossa proteção recorremos, Santa Mãe de Deus. Não desprezeis as nossas súplicas em nossas necessidades, mas livrai-nos sempre de todos os perigos, ó Virgem gloriosa e bendita. Amém.

SOBRE ELA

As evocações de Maria podem ser divididas em dois grandes grupos: 1. das aparições (de imagens ou de visões da mãe de Jesus); 2. de enaltecimento a uma característica da mãe de Deus. Muito popular em Portugal, Nossa Senhora da Glória pertence ao segundo grupo e remete à glorificação de Maria quando ela chegou aos céus. Por isso, ela está sempre com um cetro em uma das mãos, o menino Jesus em outra e uma coroa na cabeça.

Nossa Senhora das Graças

ou *Nossa Senhora da Medalha Milagrosa*

27 DE NOVEMBRO

O QUE PEDIR
Graças de todo tipo.

ORAÇÃO

Ó Imaculada Virgem Mãe de Deus e nossa Mãe, ao contemplar-vos de braços abertos derramando graças sobre os que vos pedem, cheios de confiança na vossa poderosa intercessão, inúmeras vezes manifestada pela Medalha Milagrosa, embora reconhecendo a nossa indignidade por causa de nossas inúmeras culpas, acercamo-nos de vossos pés para vos expor, durante esta oração, as nossas mais prementes necessidades (momento de silêncio e de pedir a graça desejada). Concedei, pois, ó Virgem da Medalha Milagrosa, este favor que confiantes vos solicitamos, para maior Glória de Deus, engrandecimento do vosso nome, e o bem de nossas almas. E, para melhor servirmos ao vosso Divino Filho, inspirai-nos profundo ódio ao pecado e dai-nos coragem de nos afirmarmos sempre como verdadeiros cristãos. Amém.

(Rezar três ave-marias.)

SOBRE ELA

É famosa a igreja na Rue du Bac, em Paris, onde são distribuídas as medalhas de Nossa Senhora da Medalha Milagrosa, também conhecida como Nossa Senhora das Graças. Foi ali que, em meados do século XIX, uma noviça chamada Catarina teve uma visão de Maria, vestida de branco, com um globo nas mãos e anéis que emitiam luzes. Junto à imagem estavam os dizeres: "Ó Maria, concebida sem pecado, rogai por nós que recorremos a vós". Maria pedia a ela que fizesse uma medalha com aquela imagem e a usasse no pescoço para protegê-la. E assim foi feito. Até hoje são atribuídas à medalha várias graças atendidas.

Nossa Senhora de Guadalupe

12 DE DEZEMBRO

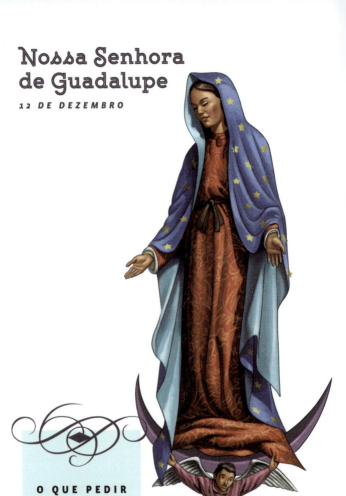

O QUE PEDIR
Todo tipo de graça.

ORAÇÃO

Perfeita, sempre Virgem Santa Maria, Mãe do verdadeiro Deus, por quem se vive. Tu, que na verdade és nossa Mãe Compassiva, te buscamos e te clamamos. Escuta com piedade nosso pranto, nossas tristezas. Cura nossas penas, nossas misérias e dores. Tu, que és nossa doce e amorosa Mãe, acolhe-nos no aconchego do teu manto, no carinho de teus braços. (Fazer um pedido.) Que nada nos aflija nem perturbe nosso coração. Mostra-nos e manifesta-nos a teu amado Filho, para que Nele e com Ele encontremos nossa salvação e a salvação do mundo. Santíssima Virgem Maria de Guadalupe, faze-nos mensageiros teus, mensageiros da Palavra e da vontade de Deus. Amém.

SOBRE ELA

Padroeira das Américas, a Virgem de Guadalupe atrai todos os anos uma multidão de devotos ao seu santuário na Cidade do México. Ela foi vista por um índio e seu nome quer dizer "que teve origem no cume da montanha de pedras". O local de seu santuário já era ponto de adoração da deusa da terra dos povos que viveram no México antes da chegada dos espanhóis. Sua imagem está impressa em um manto que o índio Juan Diego vestia. Nenhum estudo conseguiu definir qual pigmento marcou o tecido.

Nossa Senhora de Lourdes

11 DE FEVEREIRO

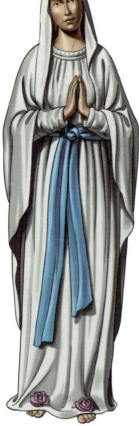

O QUE PEDIR
Proteção e cura de todos os males.

ORAÇÃO

Ó Virgem puríssima, Nossa Senhora de Lourdes, que vos dignastes aparecer a Bernadette, no lugar solitário de uma gruta, para nos lembrar que é no sossego e recolhimento que Deus nos fala, e nós falamos com Ele, ajudai-nos a encontrar o sossego e a paz da alma que nos ajudem a conservar-nos sempre unidos a Deus. Nossa Senhora da gruta de Lourdes, dai-me a graça que vos peço e tanto preciso (pedir a graça). Nossa Senhora de Lourdes, rogai por nós. Amém.

SOBRE ELA

Foi durante o ano de 1858, em Lourdes, na França, que a jovem Bernadette Soubirous presenciou a aparição de uma linda senhora de branco com uma faixa azul na cintura e os pés enfeitados com rosa. Tratava-se de Nossa Senhora de Lourdes. Onde ela apareceu foi construído um dos maiores santuários à Virgem existentes na Europa. Acredita-se que a água que lá brota até hoje tem poder curativo.

Nossa Senhora dos Navegantes

2 DE FEVEREIRO

O QUE PEDIR
Proteção em viagens de todos os tipos.

ORAÇÃO

Ó Nossa Senhora dos Navegantes, Santíssima Filha de Deus, criador do céu, da terra, dos rios, lagos e mares; protegei-me em todas as minhas viagens. Que ventos, tempestades, borrascas, raios e ressacas não perturbem a minha embarcação e que nenhuma criatura nem incidentes imprevistos causem alteração e atraso em minha viagem ou me desviem da rota traçada.

SOBRE ELA

Evocação mariana surgida na época dos descobrimentos, Nossa Senhora dos Navegantes é especialmente festejada em Porto Alegre — de onde é padroeira — e outros municípios do Rio Grande do Sul. No dia 2 de fevereiro, os devotos da capital gaúcha deixam a igreja do Rosário e seguem até o Santuário dos Navegantes, enquanto centenas de barcos adornados com fitas deslizam pelo rio Guaíba. A imagem da santa traz um menino Jesus brincando com uma âncora.

Nossa Senhora de Nazaré

SEGUNDO DOMINGO DE OUTUBRO

O QUE PEDIR

Todo tipo de graça. Durante o Círio, alguns fiéis caminham com maquetes de carros, casas e diplomas para a Virgem abençoar.

ORAÇÃO

Nossa Senhora de Nazaré, mãe do silêncio e da humildade, protege e santifica as nossas famílias. Envolve-nos no teu manto, comunica-nos a fortaleza da tua fé, a grandeza da tua esperança e a profundidade do teu amor. Permanece com os que ficam e parte com os que vão. Conforta-nos com o teu sorriso e enxuga as nossas lágrimas com as tuas carícias de mãe. Amém.

(Fazer o pedido e rezar uma ave-maria.)

SOBRE ELA

Conta antiga lenda que o carpinteiro José esculpiu a imagem de sua mulher, Maria, na aldeia de Nazaré, onde viviam. São Lucas e Santo Agostinho guardaram por anos essa imagem, que acabou esquecida em uma gruta. Uma réplica dela foi encontrada por um caboclo num córrego em Belém, no Pará. Diz-se que, sempre que a tiravam dali, a imagem voltava para o mesmo lugar. Todos os anos, em outubro, esse trajeto, que hoje começa e acaba em uma igreja, é refeito durante a romaria do Círio de Nazaré, que é acompanhada por centenas de milhares de fiéis.

O QUE PEDIR
Uma vida melhor.

Nossa Senhora de Schoenstatt
18 DE OUTUBRO

ORAÇÃO

Mãe, rainha e vencedora três vezes admirável. Mostra-te mãe na minha vida. Toma-me nos teus braços, toda vez que sou frágil. Mostra-te rainha e faz do meu coração o teu trono. Reina em tudo o que eu fizer. Eu te coroo como rainha dos meus empreendimentos, dos meus sonhos e dos meus esforços. Mostra-te vencedora no meu dia a dia, esmagando a cabeça da serpente do mal, nas tentações que me afligem. Tu és três vezes admirável. Eu sou mil vezes miserável. Converte-me, mãe, para a glória de teu filho Jesus.

(Atribuída ao padre Antônio Maria.)

SOBRE ELA

No ano de 1914, um padre alemão que vivia na cidade de Schoenstatt (que quer dizer "um belo lugar"), desenvolveu a imagem de uma santa peregrina que deveria visitar os cristãos. Para recebê-la, os donos da casa teriam de tornar seu lar um lugar melhor — perdoando mágoas, limpando cômodos, curando feridas. Calcula-se que hoje mais de 100 mil imagens desta santa viajem por mais de 3 milhões de lares de noventa países do mundo, incluindo o Brasil.

Nossa Senhora do Perpétuo Socorro

27 DE JUNHO

O QUE PEDIR
Todo tipo de graça.

ORAÇÃO

Deus, nosso Pai, nós vos agradecemos porque nos destes Maria como nossa Mãe e refúgio nas aflições. Socorrei-nos, dia e noite, ó Mãe do Perpétuo Socorro. Ajudai os doentes, e os aflitos vinde consolar! Vosso olhar a nós volvei e vossos filhos protegei. Ó Maria, dai saúde ao corpo enfermo, dai coragem na aflição; sede a nossa estrela guia na escuridão. Socorrei-nos, amparai-nos e dai-nos hoje a graça que vos pedimos. (Fazer o pedido.) Amém!

SOBRE ELA

Acredita-se que foi são Lucas que fez o primeiro quadro da Virgem, em estilo bizantino, segurando o menino Jesus. O quadro acabou esquecido até que uma jovem sonhou com Maria pedindo que ele fosse exposto em Roma. E assim foi feito. A história da santa, com todos os detalhes, é contada em uma pintura feita em igreja erguida a ela no Grajaú, Rio de Janeiro.

Nosso Senhor do Bonfim

ENTRE A SEGUNDA E A TERCEIRA QUINTA-FEIRA DE JANEIRO

O QUE PEDIR
Proteção em vida e após a morte, e todo tipo de graça.

ORAÇÃO

Meu Senhor do Bonfim, que sobre as águas andastes. Hoje estais entre o cálice e a hóstia sagrada. Treme a terra, mas não treme o coração do Meu Senhor Jesus Cristo. Treme o coração dos meus inimigos quando por mim espiarem. Eu vos benzo em cruz, e vós benzeis a mim entre o Sol, a Lua, as estrelas e as três pessoas da Santíssima Trindade, Pai, Filho e Espírito Santo. Meu Deus, na travessia entre meus inimigos, o que faço com eles? Com o manto da Virgem Maria sou coberto, com o sangue do Nosso Senhor do Bonfim sou valido. Eles têm vontade de em mim atirar, mas não atiram. Se atirarem, água pelo cano da arma há de correr, assim como correu leite da Virgem Maria Santíssima para a boca de seu Divino Filho. Se quiser me furar, a faca da mão cairá. Cassetete ou tudo que levantarem contra mim há de ficar suspenso no ar. Assim como ficou Maria Santíssima ao pé da cruz esperando seu bendito filho. Corda que a mim amarrar, pelos meus pés há de cair. Porta que para mim se trancar, se abrirá como abriu o sepulcro do Meu Senhor Jesus Cristo para Ele subir ao céu. Amém.

SOBRE ELE

Desde a década de 1960, a mais popular lembrança de viagens à Bahia é a fitinha do Nosso Senhor do Bonfim. A veneração da imagem começou por volta de 1700. Segundo a fé católica, só pode morar ao lado de Deus o homem sem pecado. Como Jesus crucificado é a melhor representação do homem puro, estar bem com ele é certeza de boa acolhida após a morte.

Reis Magos
6 DE JANEIRO

O QUE PEDIR
Todo tipo de graça.

ORAÇÃO

O galo cantou no Oriente, surgiu a estrela da guia, anunciando à humanidade que o menino Deus nascia. Em uma estrebaria, 25 de dezembro, não se dorme no colchão. Deus menino teve a cama de folhas secas no chão, para nossa salvação. Senhora da dona da casa, "oia" chuva no "teiado". Venha ver o Deus menino como está todo molhado, com os três reis ao seu lado. Deus lhe pague a bela oferta, que vos deu com alegria, os divinos santos reis, são José e santa Maria. Há de ser vossa guia.

(Cantada na Folia de Reis.)

SOBRE ELES

Guiados pela estrela de Belém, três reis da Pérsia visitaram Maria, José e o rebento Jesus doze dias após seu nascimento. Melquior, que significa "meu Deus é luz", trouxe ouro para a família; Gaspar, ou "aquele que vai inspecionar", mirra; e Baltazar, ou "Deus manifesta o rei", incenso. O ouro indicava a realeza, a mirra servia para aliviar o sofrimento, e o incenso para indicar a relação de Jesus com Deus. Em alguns países, 6 de janeiro é o dia de ganhar presentes. No Brasil, desmonta-se o presépio nessa data e ocorre a Folia de Reis. Diz-se que, nesse dia, os reis concedem a realização de três desejos. Para isso, é preciso chupar três caroços de romã e, após comer a polpa de cada um, dizer: "Rei Melquior, te peço que me dê para ter e para dar". Depois, deve-se fazer o pedido em silêncio e repetir o ritual com o nome dos outros dois reis. Os caroços das romãs devem ser guardados na carteira enrolados a uma nota de dinheiro e jogados em água corrente doze meses depois.

São Pedro
29 DE JUNHO

O QUE PEDIR
Pedro é considerado bom e justo, capaz de atender a todos os pedidos.

ORAÇÃO

Ó são Pedro, pedra viva da Igreja fundada por Jesus Cristo, vós que fostes chamado pelo Senhor para ser pescador de homens e mulheres, vós que dissestes: "Senhor, a quem iremos? Pois só Tu tens palavras de vida eterna", vinde em meu auxílio com vossa intercessão junto a Deus, dando-me coragem para seguir vosso exemplo de amor fiel a Cristo e anunciar a boa-nova na família, na comunidade, no trabalho e em toda parte. Ó são Pedro, vós que fizestes a mais bela declaração de amor — "Senhor, Tu sabes que eu Te amo" —, ensinai-me, hoje, o caminho da justiça para que eu tenha saúde e paz e alcance a graça que vos peço. (Fazer o pedido.) Amém.

SOBRE ELE

Dizem os textos religiosos que Pedro foi o primeiro apóstolo convocado por Jesus Cristo, que teria dito: "Tu és Pedro e sobre essa pedra fundarei a minha igreja". Por isso, é considerado o primeiro papa da Igreja. Como era viúvo, diz-se capaz de consolar viúvas aflitas. Muito homenageado nas festas juninas, é o guardião das chaves do céu e o pai das chuvas.

Santa Rita de Cássia

22 DE MAIO

O QUE PEDIR
Graças consideradas difíceis e impossíveis.

ORAÇÃO

Ó poderosa santa Rita, chamada santa das causas impossíveis, advogada dos casos desesperadores, auxiliadora da última hora, refúgio e abrigo da dor que arrasta para o abismo do pecado e da desesperação, com toda a confiança no vosso poder junto ao Sagrado Coração de Jesus, a vós recorro no caso difícil e imprevisto que, dolorosamente, oprime o meu coração. Obtém-me a graça que desejo (fazer o pedido), pois, sendo-me necessária, a quero. Apresentada por vós a minha oração, o meu pedido, por vós que sois tão amada por Deus, certamente serei atendido. Dizei a Nosso Senhor que me valerei da graça para melhorar a minha vida e os meus costumes e para cantar na terra e no céu a divina misericórdia.

(Rezar um pai-nosso, uma ave-maria e um glória ao pai.)

SOBRE ELA

Rita é considerada a santa das causas impossíveis porque sua vida foi dura. Desde muito pequena queria seguir a vida religiosa, mas foi obrigada a casar-se e teve dois filhos. Seu marido era violento e ela conseguiu acalmá-lo com muita oração. O mesmo aconteceu com os filhos. Quando ficou viúva, teve de rezar muito para tornar-se uma monja agostiniana. Conta-se que, em seus últimos anos de vida, tinha na testa uma chaga como a provocada pela coroa de espinhos em Jesus. É venerada em todo o mundo.

São Sebastião

20 DE JANEIRO

O QUE PEDIR
Todo tipo de graça.

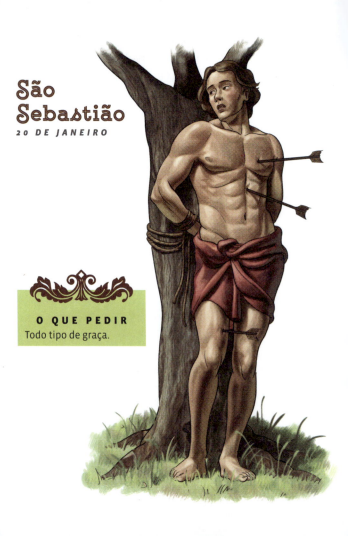

ORAÇÃO

Glorioso mártir são Sebastião, soldado de Cristo e exemplo de cristão. Hoje nós viemos pedir vossa intercessão junto ao trono do Senhor Jesus, nosso salvador, por quem destes a vida. Vós, que vivestes a fé e perseverastes até o fim, pedi a Jesus por nós para que nós sejamos testemunhas do amor de Deus. Vós, que esperastes com firmeza nas palavras de Jesus, pedi a Ele por nós para que aumente nossa esperança na ressurreição. Vós, que vivestes a caridade para com os irmãos, pedi a Jesus para que aumente nosso amor para com todos. Enfim, glorioso mártir são Sebastião, protegei-nos contra a peste, a fome e a guerra; defendei nossas plantações e nossos rebanhos que são dons de Deus para o nosso bem, para o bem de todos. E defendei-nos do pecado que é o maior mal, causador de todos os outros. Assim seja.

SOBRE ELE

Nasceu em Milão por volta do ano 250 e integrou o Exército do imperador Diocleciano, perseguidor de cristãos. Cumpria suas funções, mas era cristão praticante em segredo. Quando soube que tinha um cristão entre os seus, o imperador mandou que Sebastião fosse amarrado a um tronco e crivado de flechas. Sebastião não morreu. Foi socorrido e voltou a enfrentar o imperador em defesa dos cristãos, sendo chicoteado até a morte. É padroeiro do Rio de Janeiro.

Santa Teresinha do Menino Jesus
1º DE OUTUBRO

O QUE PEDIR
Todo tipo de graça.

ORAÇÃO

Santa Teresinha do Menino Jesus, concedei-me que siga a vossa vida de infância espiritual, que viva no espírito de simplicidade e humildade evangélicas, num total abandono à vontade do Senhor. Ensinai-me a aceitar cada sofrimento como dom precioso feito a quem Ele mais ama. Que eu possa também terminar a minha vida terrena repetindo as vossas últimas palavras: "Meu Deus, eu Te amo". Santa Teresinha, que tudo suportou, ajudai-me a receber a graça que ardentemente almejo. (Pedir a graça.) Santa Teresinha, rogai por nós.

SOBRE ELA

Santa Teresinha nasceu na França e ingressou no convento muito cedo. Sua mãe queria seguir carreira religiosa e, como não conseguiu, prometeu que todos os seus filhos seriam entregues a Deus. Teresinha era a caçula da família e ficou muito feliz em ser indicada. Teve uma vida de penitência e morreu em 1897, com 24 anos, de tuberculose. No Brasil, seus devotos costumam cultivar rosas e distribuí-las a amigos. Eles acreditam que, se pedirem algo para a santa e receberem uma rosa, é sinal de que logo serão atendidos.

São Tiago
25 DE JULHO

O QUE PEDIR
Todo tipo de graça e iluminação.

ORAÇÃO

Apóstolo Santiago, escolhido entre os primeiros, tu foste o primeiro a beber no cálice do Senhor e és o grande protetor dos peregrinos. Faze-nos fortes na fé e alegres na esperança em nosso caminhar de peregrino, seguindo o caminho da vida de Cristo, e alenta-nos para que finalmente alcancemos a glória de Deus pai. Amém.

(Usada por peregrinos do Caminho de Santiago de Compostela.)

SOBRE ELE

Era pescador quando foi convocado por Jesus para ser um de seus apóstolos. Diz-se que parou de consertar uma rede de pesca e seguiu o mestre tão logo recebeu o chamado. Era irmão de João e filho de Zebedeu e Salomé. Segundo Mateus, era um dos discípulos mais próximos de Jesus. Depois da morte de Cristo, pregou na Espanha e foi decapitado a pedido do rei Herodes. Sua cabeça teria sido enviada para Compostela, onde, em sua homenagem, foi erguida uma igreja que até hoje atrai milhares de peregrinos todos os anos.

São Tomás de Aquino

28 DE JANEIRO

O QUE PEDIR
Todo tipo de graça.

ORAÇÃO

Deus, nosso Pai, São Tomás de Aquino dedicou toda a sua vida ao estudo e à contemplação do mistério da vossa redenção. Dai-nos a graça de meditarmos continuamente vossa palavra e de encontrar nela luz para nossos passos, força para a nossa luta de cada dia por trabalho, alimentação e condição de vida mais humana. Dai-nos o entendimento e a sabedoria que nos advêm de uma fé consciente, e confirmada por palavras e obras, capaz de nos fazer esperar mesmo contra toda esperança.

SOBRE ELE

Autor da *Suma teológica*, que até hoje serve de base para os estudos religiosos, são Tomás de Aquino nasceu em família nobre na Campânia, em 1225. Desde muito cedo, interessou-se por saber sobre Deus. Contra a vontade de seus irmãos, seguiu a carreira religiosa na Ordem de são Domingos. Morreu aos 49 anos a caminho do Concílio de Lyon, onde seria homenageado pelo conjunto de sua obra.

Calendário

JANEIRO
Entre a segunda e a terceira
quinta-feira de janeiro,
Nosso Senhor do Bonfim

6
Reis Magos

20
São Sebastião

28
São Tomás de Aquino

FEVEREIRO

2
Nossa Senhora dos Navegantes

11
Nossa Senhora de Lourdes

MARÇO

15
São Longuinho

19
São José

25
São Dimas

ABRIL

2
São Francisco de Paula

4
São Benedito

19
Santo Expedito

23
São Jorge

MAIO

13
Nossa Senhora de Fátima

22
Santa Rita de Cássia

JUNHO

13
Santo Antônio

21
São Luís Gonzaga

22
Santa Maria Madalena

24
São João Batista

27
Nossa Senhora do Perpétuo Socorro

29
São Pedro

JULHO

9
Madre Paulina

11
São Bento

16
Nossa Senhora do Carmo

25
São Cristóvão

25
Menino Jesus de Praga

25
São Tiago

26
Sant'Ana

26
São Joaquim

AGOSTO

11
Santa Clara

28
Santo Agostinho

SETEMBRO

15
Nossa Senhora do Bom Parto

26
Nossa Senhora da Glória

26 e 27
São Cosme e São Damião

29
São Gabriel

29
São Miguel Arcanjo

OUTUBRO

1º
Santa Teresinha do Menino Jesus

4
São Francisco de Assis

12
Nossa Senhora Aparecida

16
Santa Edwiges

18
Nossa Senhora de Schoenstatt

28
São Judas Tadeu

Segundo domingo de outubro,
Nossa Senhora de Nazaré

NOVEMBRO

4

São Carlos Borromeu

5

Santa Isabel

16

São Gonçalo

22

Santa Cecília

25

Santa Catarina

27

Nossa Senhora das Graças
(ou Nossa Senhora da Medalha Milagrosa)

DEZEMBRO

3

São Francisco Xavier

4

Santa Bárbara

8

Nossa Senhora Desatadora dos Nós

12

Nossa Senhora de Guadalupe

13
Santa Luzia
23
Frei Galvão

Sobre a autora

Carolina Chagas é jornalista, editora e mestre em comunicação e semiótica pela PUC-SP. Trabalhou em *O Estado de S. Paulo*, *Jornal da Tarde*, *Folha de S.Paulo*, Editora Abril, Portal iG e Rede TV!. Devota de são José, são Longuinho e Nossa Senhora Desatadora dos Nós, é autora de *O livro dos santos*, *O livro das graças*, *Nossa Senhora!*, *Nossa Senhora Aparecida*, *Frei Galvão*, *Santo Expedito* e *Santo Antônio* e coautora de *Escoffianas brasileiras*, do chef Alex Atala.

Esta obra foi composta por Rita da Costa Aguiar em Constantia e impressa pela Geográfica em ofsete sobre papel Alta Alvura da Suzano Papel e Celulose para a Editora Schwarcz em março de 2016

A marca FSC® é a garantia de que a madeira utilizada na fabricação do papel deste livro provém de florestas que foram gerenciadas de maneira ambientalmente correta, socialmente justa e economicamente viável, além de outras fontes de origem controlada.